Derechos Reservados:

Copyright, Editorial Viva 2019

Todos los Derechos Reservados. Ninguna parte de este libro puede ser reproducido o utilizado en cualquier forma o medio, electrónico o mecanizado, incluyendo fotocopias, grabaciones o medios de almacenaje de información y sistema de recuperación, sin el previo permiso por escrito de los autores.

Segunda Edición Impresa

©2019 por Editorial Viva

Autores: Pedro Solís y Diego Salazar

Diseño de cubierta: Editorial Viva

Título en español: El Taxi de la Vida

Publicado por: Editorial Viva
www.editorialviva.com
Zusamstraße 12, 86424 Dinkelscherben, Alemania

EL TAXI DE LA VIDA

¿Cuál es tu Destino?

Pedro Solís y Diego Salazar

COMENTARIOS:

"Un libro con una gran historia y magia que ayuda a centrarse, llegar a la meta y tomar decisiones. Un libro lleno de color y alegría. Estoy seguro que al leerlo emprenderá una emocionante aventura para tener una visión clara de su propósito. El libro tiene un gran poder de transformación."

Jorge Rivero
Presidente de la Red Mundial de Conferencistas

Este libro nos enseña muchas cosas y una de ellas es que no podemos ir por la vida sin tener claro a dónde vamos. Debemos darnos cuenta que la primera oportunidad nos la tenemos que dar nosotros mismos y luego
podremos tomar ese taxi que nos llevará a nuestro destino.

Erick Barrondo
Medallista Olímpico

Es un verdadero viaje a través de la reflexión y sobretodo la revelación. Una metáfora que nos lleva a vernos al espejo y darnos cuenta de que eso que buscamos ya lo somos, pero debemos darnos el tiempo de encontrarlo.

Kenneth Müller
Cineasta ganador del Premio Netflix

"En el libro EL TAXI DE LA VIDA se maneja de una manera simple, entretenida y reflexiva, lo que se hace en el Coaching; una gran herramienta de vida que todos debemos utilizar a nuestro favor.

Con personajes que tienen nombres muy ad-hoc en los términos del Coaching, nos van llevando los autores por un gran paseo dentro de un taxi desde el inicio de un viaje sin ruta hasta el encontrar un destino en nuestra vida. En definitiva: ¡Altamente recomendable!"

Marco Antonio Ontiveros
Fundador de la Red del Coach

"Es una lectura rápida, amena, de inmediata comprensión; que invita al lector a ir a la siguiente página, porque la historia hace una similitud o comparación con los procesos diarios de nuestra vida personal; llevándonos inevitablemente a la reflexión identificando en qué etapa, situación o circunstancia estamos. Ayudando a tener más claro el panorama de nuestra propia vida y a estar más conscientes de nuestro actuar diario."

Ivon Pinto
Fundadora del Círculo de Mujeres de Cámara de Comercio

"El libro me invito a tener siempre un objetivo claro de la vida, hasta alcanzar mi destino, no importando la cantidad de dificultades con que se encuentre uno en el camino. Si tenemos las cosas claras y concisas, llegaremos a nuestro final, final, final."

Enrique Saravia- Bi Campeón de C.A y Caribe de Automovilismo GT1 & Life Coach

"Cuando tú no tomas una decisión otros lo harán por ti."

DEDICATORIA:

Este libro está dedicado a las personas que quieren ser los protagonistas de su vida y alcanzar sus sueños, desafiar objetivos y proyectarse en las metas más anheladas, pero en especial este es probablemente un primer regalo o una retroalimentación para recordarle a tu YO interno lo valioso que eres. ¡El mejor lugar que tienes para vivir es tu propia VIDA!

pedrosolisonline.com

diegosalazaronline.com

PREFACIO:

Aquí no "encontrarás" sino más bien "te encontrarás" contigo mismo, a través de un viaje único proyectarás tus metas, identificarás tus barreras limitantes, tendrás más preguntas que respuestas, pero al final tendrás clara la dirección correcta para avanzar identificando nuevas oportunidades que te inspiren a trascender y dejar una huella.

EL CAMINO

Destino 1 - ¿A dónde voy en la Vida?
Destino 2 - La Zona de Confort
Destino 3 - Mi Propósito en la Vida
Destino 4 - Definir la Ruta
Destino 5 - La Estrategia Correcta
Destino 6 - ¿Cuál es mi Mapa?
Destino 7 - Enfoque en Soluciones
Destino 8 - Caminos Fáciles
Destino 9 - El Motor de mi Vida
Destino 10 - Avanzando con Equilibrio
Destino 11 - Prioridades
Destino 12 - Rotonda Emocional
Destino 13 - Adaptándose al Camino
Destino 14 - Necesidades Auténticas
Destino 15 - Dejando Huella en el Camino

BÚSQUEDA DE LA FELICIDAD

Ego, estaba en una de las etapas más determinantes de su vida, cuando en la escuela le dejaron como tarea escribir, ¿qué te gustaría llegar a ser cuando seas grande?

En ese momento, Ego escribió: "simplemente feliz".

DESTINO 1

¿A dónde voy en la Vida?

Años Después...

Ego, sabía que quería conocer un nuevo lugar. Algo distinto de lo que había estado buscando en los últimos años.

El destino al que se dirigía, se llamaba "VIDA", una isla visitada por millones de personas cada año. A la que llegaban jóvenes y algunos adultos. Para la mayoría, era su primera vez en la isla.

Mientras iba en el vuelo, Ego escuchaba comentarios de otras personas acerca de lo que había en la isla y de lo que significaba estar en ella. "Dicen que uno puede ser feliz en esa isla", dialogaban entre ellos.

Y que "la mayoría de personas no encuentran el propósito", escuchó susurrar a un pasajero.

Ego observaba atentamente, ya que era la primera vez que visitaría la isla y quería ser protagonista en ella.

Al aterrizar el avión en medio de una gran tormenta y neblina, Ego buscó su equipaje de mano en el que llevaba sus títulos académicos y el dibujo que plasmaba los sueños más anhelados que tenía desde su infancia. Antes de salir del aeropuerto, un guardia de migración lo detuvo para registrar su equipaje. Abrió su maleta de mano y vio dibujos que ya no recordaba. Uno de ellos lo hizo cuando tenía 5 años, estaba con sus seres queridos alrededor y todos sonreían. Ego recordó que su sueño más grande era ser "simplemente feliz".

-El guardia de migración le preguntó- ¿usted viaja únicamente con sus títulos académicos, unas cuantas prendas y este dibujo que dice "sueños"?

-Sí, respondió Ego- me dijeron que solamente esto necesitaría para alcanzar mis sueños aquí en la isla.

El guardia sonrió con desprecio y sarcásticamente contestó -eso me dijeron también a mí y terminé aquí donde me ve, como un cero a la izquierda.

Justo al lado del aeropuerto se encontraba una playa de arena blanca y agua cristalina. Al salir, Ego vio que todas las personas que llegaban a la VIDA corrían a la orilla de la playa y por alguna razón no pudo evitar averiguar de qué se trataba. Todos estaban en la arena escribiendo los sueños que querían realizar en la isla. Ego trazó un dibujo que representaba su sueño y lo adornó con objetos que encontró allí mismo. Todas las personas cantaban y celebraban lo que conseguirían en esta isla.

Al terminar, Ego regresó al aeropuerto. Iba a necesitar un taxi que lo llevara a un nuevo destino en la VIDA. El guardia le hizo un comentario nuevamente:

-No se tome en serio esa idea de los sueños. He visto a miles de personas trazar sus sueños en esa playa. En menos de tres meses más de la mitad de esas personas se decepcionan y no lo vuelven a intentar nunca. En dos años, el ochenta por ciento desistirá.

Hubo un silencio.

¿Alguien lo ha logrado? – Preguntó Ego.

El guardia sonrió con su mejilla izquierda, de manera burlona y continuó -¿le llamo a un taxi? -

-Sí, gracias, -respondió Ego.

-El taxi llegó pronto y Ego se subió en él.

-Buenos días, ¿a dónde vamos?

-Buenos días a usted también. Pues quiero que me lleve a mi destino.

-Disculpe, no sé dónde queda ese lugar.

-Ego le dijo al taxista: señor, ¿podría llevarme a cualquier sitio bueno?

-¿Bueno según quién? - dijo el taxista.

-Bueno según la gente - respondió Ego.

- ¿Está seguro que quiere que le lleve allí? - preguntó el taxista.

-Sí, me gustaría ir allí, -respondió Ego.

El señor Ubico, manejó el Taxi y condujo hacia "cualquier sitio" - ¡Bien, hemos llegado!

- Este lugar no me gusta, -dijo Ego. Es sucio y feo, me desagrada. Le dije un sitio bueno -recalcó Ego.

-Usted dijo, a "cualquier sitio" y este es cualquier lugar. No es la primera vez que me sucede, muchas personas no saben qué quieren aquí en la VIDA, piden cualquier cosa y finalmente no les gusta, -contestó el señor Ubico.

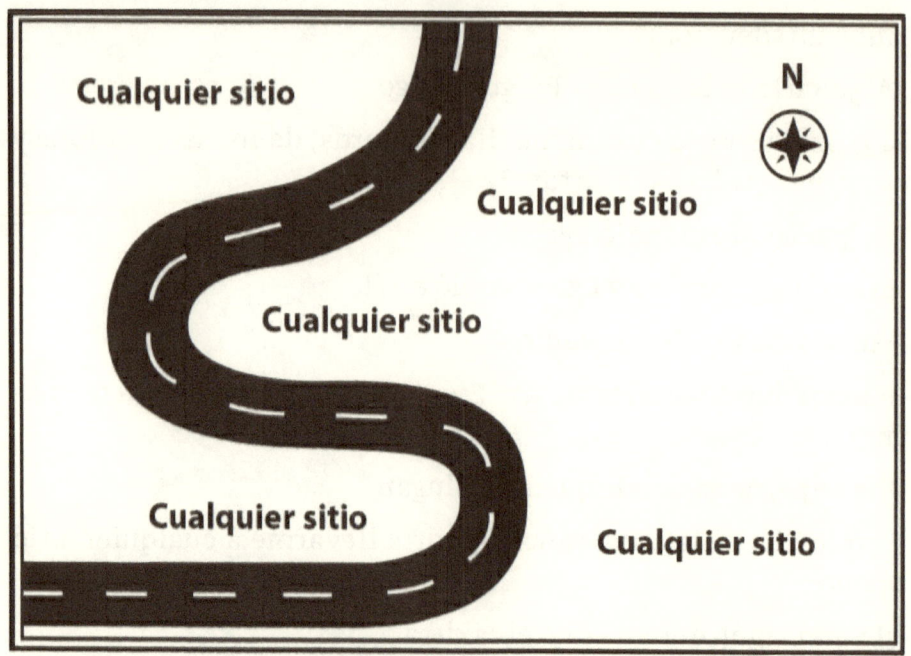

¿Ha terminado en un lugar que no le gusta por no saber qué quiere?

Notas

Desarrolla tu Mapa de Vida

DESTINO 2

La Zona de Confort

Entonces, le preguntó al taxista: -señor, ¿cuál es su nombre?

-Mi apellido es Ubico, puede llamarme así, -le respondió el taxista.

-Tendremos que ir a otro sitio, no puedo terminar aquí en la VIDA, señor Ubico, además yo le dije un lugar "bueno" -manifestó Ego.

-Muchas personas creen que este lugar es "bueno", -dijo el señor Ubico.

-Pero eso no significa que para mí lo sea, -expresó Ego.

-Muy bien. Entonces dígame: ¿qué es bueno para usted? -preguntó el señor Ubico.

-Bueno para mí sería un lugar en donde no existan las preocupaciones, ni los problemas. -contestó Ego y continuó insistentemente -¿Puede usted llevarme a otro sitio?

-Claro que sí, -respondió el señor Ubico. El Taxi de la VIDA está para servirle.

—¿A dónde quisiera ir ahora? —preguntó el señor Ubico.

—Soy nuevo en esta isla y me gustaría ir a un lugar que escuché mencionar, —dijo Ego. Un lugar en el cual no tenga que preocuparme de nada y no tenga que esforzarme para ganarme la vida. En donde no me tenga que exigir mucho a mí mismo y que nadie me exija a mí. Pienso que en un lugar así tendría paz y tranquilidad,

El señor Ubico, lo llevó a ese tercer lugar.

—Aquí es —dijo el señor Ubico — ésta es la Zona que usted solicitó, se llama Confort.

Ego se quedó observando y vio que era un lugar vacío, sin construcciones, sin proyectos y sin metas. Las personas descansaban al borde del piso.

Ego se bajó del Taxi, saludó a unas personas y les preguntó: ¿quisiera saber en dónde puedo comprar comida?

Uno de ellos, observó y esperó a ver si sus compañeros reaccionaban antes que él.

—Buenos días, respondió un hombre agotado, —me llamo Pérez Ángel, pero me dicen "Pérez A.".

—¿No debería ser A. Pérez, en vez de Pérez A.? —preguntó Ego.

El recién conocido, se quedó pensando y después de unos segundos le contestó: tiene razón, pero es más cómodo para mí que me sigan diciendo así, menos complicaciones.

Ego, le preguntó nuevamente: disculpe, ¿podría decirme en dónde hay un lugar para comprar comida?

—Ah sí, antes había un lugar aquí cerca. El problema fue que la persona tenía que hacer inventarios y llevar la contabilidad a diario, pero decidió hacerlo cada mes y fracasó el negocio, —contestó Pérez A.

—¿Y no hay otro lugar en dónde comprar comida?, ¿qué tal un hotel? al menos tendría en dónde hospedarme mientras encuentro un trabajo, —exclamó Ego.

-En esta Zona ya no tenemos hoteles- respondió Pérez A. - las personas que vienen prefieren no pagar, así que no es un buen negocio. Nadie quiere poner uno porque requeriría mucho sacrificio. Además, si ponen un negocio, dirían que estamos teniendo éxito y la alcaldía nos dejaría de enviar donativos.

- ¿Pero ustedes no tienen retos y metas aquí? -cuestionó intrigado Ego.

-No.

-¿Y si desean comprarse una casa propia o ir de viaje? -preguntó Ego.

-Sí se podría, pero habría que hacer mucho esfuerzo. Es casi imposible. Así nos gusta vivir, sin preocupaciones ni dificultades, -respondió Pérez A.

-No tienen una vida apasionada, ni sueños por realizar, -murmuró Ego.

El señor Ubico le preguntó a Ego al oído, -¿es esto lo que quiere?

-No estoy seguro, -respondió Ego. -Por una parte, no tengo que esforzarme viviendo aquí, pero eso no es vivir, es sobrevivir. Y si dependo de donaciones, tendría que conformarme, viendo como todos los demás consiguen sus sueños. ¿Cree usted que a las personas les cuesta salir de su Zona de Confort?

-¿Usted se da cuenta de que esta Zona es árida?

-Sí, por eso nada crece aquí.

-Pero observe, cómo justo en un punto verde en el horizonte, hay palmeras y aves.

-Es un oasis. – contestó Ego.

Exacto. Las aves de ese oasis están cómodas allí, tienen alimento y seguridad. ¿Por qué motivo, cree usted que ellas se moverían de allí?

-Quizás, si se les acabara el alimento en este oasis, o si encontraran uno más grande.

-Una persona funciona igual. Nadie deja un pequeño oasis de confort a menos que se seque o que el premio sea estar en un oasis más grande.

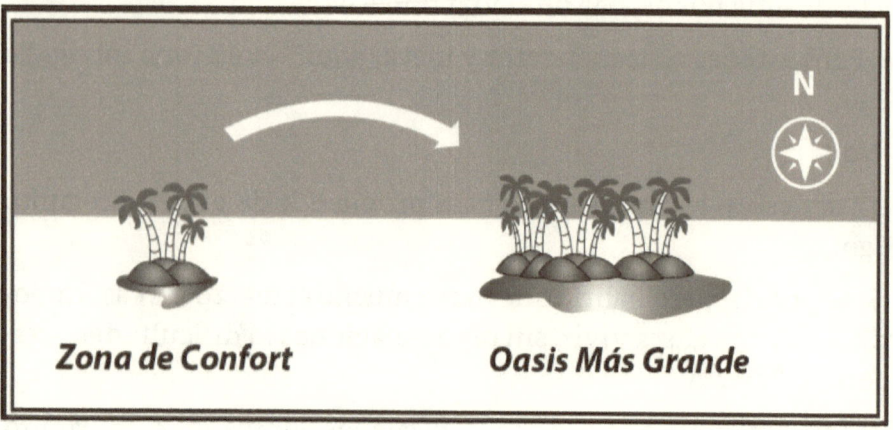

El taxista le dio una libreta a Ego. –Si me permite, puede responder en esta libreta ciertas preguntas para brindarle un mejor servicio y poder llevarlo a donde usted quiera en la VIDA. Las preguntas se las anotaré en letra negrilla para que pueda contestar fácilmente:

- ¿Qué es más grande que su pereza?

- ¿Qué vale más que estar cómodo en este momento?

- ¿Cuántas cosas le emocionan hacer sin pensar en lo incómodo que tenga que estar?

Debo ser capaz de poner el ritmo

Notas

Desarrolla tu Mapa de Vida

DESTINO 3

Mi Propósito en la Vida

—¿A dónde vamos entonces? -dijo el señor Ubico.

—Necesito conocer todos los destinos que me ofrece la VIDA, -contestó Ego.

Ego se quedó un momento en silencio pensando y luego dijo: señor Ubico ¿le puedo compartir algunos consejos de personas con las que he hablado que estoy en la VIDA?

-Lo escucho, -dijo el señor Ubico bastante interesado.

-Consejo limitante: Lo que debes hacer es buscarte un futuro seguro, ¡yo hice eso!

-Consejo de rutina: Lo que deberías hacer es trabajar aquí 20 años más y un día tendrás mi posición, ¡así vas a poder cumplir todos tus sueños!

-Consejo conformista: Usted lo que debería hacer es buscarse una pareja que sea millonaria y así todos sus problemas de la vida se le arreglaran.

-Consejo compulsivo: Usted lo que debería hacer es comprar muchos productos para ser feliz: ropa, casa, carros, viajes y cenas costosas.

-Consejo vacío: Lo que deberías hacer es divertirte únicamente, la vida es solo para eso.

-¿Y qué conclusión saca de todo esto? -preguntó el señor Ubico.

-Que todas las personas intentan decirme cómo vivir. Pero lo que hace feliz a otros, no necesariamente me hará feliz a mí, -contestó Ego con una sonrisa.

-La felicidad es distinta para cada persona,

-El problema es que no conozco aún, ¿qué es la felicidad para mí? aunque he decidido encontrarla –contestó Ego convencido.

- ¿Si tuviera una varita mágica, pediría algo? -preguntó el señor Ubico.

- Quizás conocerme a mí mismo, al menos así sabría:
1. ¿Quién soy?
2. ¿Qué quiero realmente?
3. ¿Hacia dónde debo ir?

-Sé de una persona que está en la VIDA y que podría ayudarle, ¿lo llevo? -preguntó el señor Ubico.

- Me parece bien, vamos allí, -contestó emocionado Ego.

Llegaron a un lugar en el campo. En donde había una cabaña construida con robustos troncos de roble y con un rótulo que decía: "Respuestas alternativas".

-Allí está la persona que dicen que conoce todas las respuestas. Solo allí le podrán decir en dónde encontrar la felicidad, -exclamó el señor Ubico.

-Ego con mucha curiosidad entró a la cabaña y al ver a la persona, con sorpresa le preguntó: ¿Tú?

Dentro de esa casa solamente se encontraba Ego y un espejo.

- ¿Habló?, ¿le dio respuestas? -preguntó el señor Ubico.

-No, más bien, me hizo preguntas como:

a. ¿Quién eres?

b. ¿Si no te gusta lo que tienes, entonces por qué sigues en lo mismo?

c. ¿Te gusta estar cómodo o incómodo?

-Me hizo pensar en mi propósito, pero… no sé. A veces siento que mi vida no tiene sentido. – contestó Ego desmotivado.

-Su vida tendrá sentido cuando usted tenga un objetivo y esté en el camino que lo llevará a ese Destino. El propósito es su razón de ser, y cobra sentido cuando cumple su misión de ser: llegar a ese Destino. – Dijo Ubico a Ego que escuchaba atentamente.

Ubico continuó - Piénselo, si no tiene meta no hay un porqué moverse, por lo cual en cualquier dirección que vaya se sentirá que su vida no tiene sentido, no habría alguna diferencia. Una vez usted defina su Destino, avanzar hacia él le hará sentir que cumple su razón de ser en este momento de su vida: su propósito.

Ego preguntó – Entonces, ¿por qué hay personas que saben qué quieren, pero su vida parece no tener sentido?

-Porque no tienen un camino que los llevé allí. En el momento en el que una persona está en la carretera que la lleva a su Destino, su vida tiene dirección y cumple su propósito de ser en la VIDA. ¡Entonces tiene sentido! Yo le ayudaré a encontrar su camino.

Si pudiese dejar algo en las personas que conoce, ¿qué sería eso?

¿Qué podría hacer todos los días simplemente porque le gusta?

¿Qué le sale muy bien y con mucha facilidad?

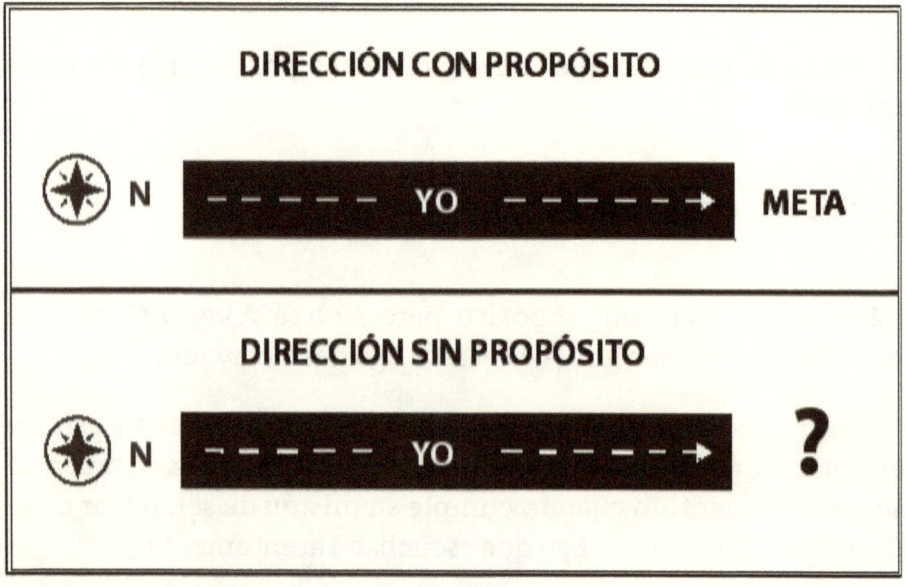

Se subieron nuevamente al Taxi y el señor Ubico preguntó: ¿a dónde quiere ir ahora?

-Lléveme a la derecha, pero espere un momento. Ya sé que quiero. - dijo Ego.

Después de un momento, Ubico le preguntó nuevamente: ¿Desea que avancemos ahora?

Aún no- contestó Ego. –Espere mejor que todos los semáforos

estén en verde, el camino completamente libre y sin obstáculos para salir, no quisiera retrasarme nuevamente por culpa de otros vehículos.

-Bueno, en la Vida las calles siempre están llenas. Usted puede esperar todo lo que quiera, pero en la VIDA no existen los caminos sin obstáculos, ni momentos en los que estén despejados todos los caminos.

¿Cuántas oportunidades ha perdido por esperar el momento perfecto?

Notas

Desarrolla tu Mapa de Vida

DESTINO 4

Definir la Ruta

-Lléveme a la derecha, luego vuelva a cruzar a la derecha. Después de esa cuadra cruce nuevamente a la derecha. Ahora siga recto y al final de la avenida, cruce nuevamente a la derecha, -indicaba Ego.

-El Taxi empezó a dar vueltas en círculos una y otra vez. Después de media hora, el señor Ubico, dijo desesperadamente: lo llevaré a donde usted necesite, pero percibo que no tiene idea hacia dónde quiere ir.

-Claro que sí, -contestó Ego. Seré nuevo en la VIDA, pero yo sé a dónde quiero ir.

-¿A dónde? -preguntó el señor Ubico.

-Lléveme al Norte. Allí están todas las oportunidades para mí, -dijo Ego con entusiasmo.

-Yo le creo, -respondió el señor Ubico, porque veo su entusiasmo. Y sé que el Norte es probablemente el sitio que usted busca.

-Pero, ¿sabe dónde queda el Norte? - preguntó el señor Ubico.

-Claro que sí, para la derecha, -aseguró Ego.

-¿Cómo sabe que allí es?

-Porque lo siento, -contestó Ego.

-Eso es ¿percepción o realidad? -cuestionó el señor Ubico.

-¡Realidad! Lo sé, puedo sentirlo, -dijo Ego.

El señor Ubico sacó una brújula que tenía guardada debajo del sillón del copiloto, vio hacia dónde apuntaba el Norte y con una sonrisa genuina le dijo -se la voy a regalar, esta le ayudará a ver la realidad y no la percepción. - Y continuó:

-A veces creemos estar muy seguros de que algo es real. Y puede ser muy fuerte nuestro instinto, sin embargo, nos podemos equivocar y puede ser solamente una percepción. La brújula nos ayuda a ver datos reales que nos enfocan.

-¿La realidad? -pregunta Ego.

-Según usted íbamos en el rumbo correcto. Sin embargo, dimos 10 vueltas en este mismo sitio, -explicó el señor Ubico. –Las herramientas de medición nos ayudan a conectar nuestro mundo interior con "La Realidad". Lo que se puede medir se puede direccionar.

-¿En serio 10 vueltas? -replicó Ego confundido.

-Sí, - dijo el Señor Ubico -conozco muchas personas en la VIDA, que dan vueltas en círculos durante años.

-¿Durante años? –preguntó Ego sorprendido.

-Sí.

-¿Y ellos no se dan cuenta? -pregunta Ego algo asustado.

-No, las personas en su mente aunque cada día hagan el mismo recorrido, desconocen qué es la "realidad" y se resisten a verificar en dónde están ubicados en cada momento. Si no usan medición, ¿qué es lo más probable?

El Taxi de la Vida

Ego se quedó meditativo. Luego recordó que el señor Ubico le entregó la brújula y sintió mucha gratitud, por lo que externó:

-¡Muchas gracias por su obsequio! -Ego se sentía por primera vez ubicado y sabía con seguridad dónde se encontraba exactamente.

-¿A dónde vamos entonces?-preguntó nuevamente el señor Ubico.

-Al Norte, como lo marca la brújula. Tome la avenida Estrategia 1, en dirección al norte, -dijo Ego apuntando con su mano.

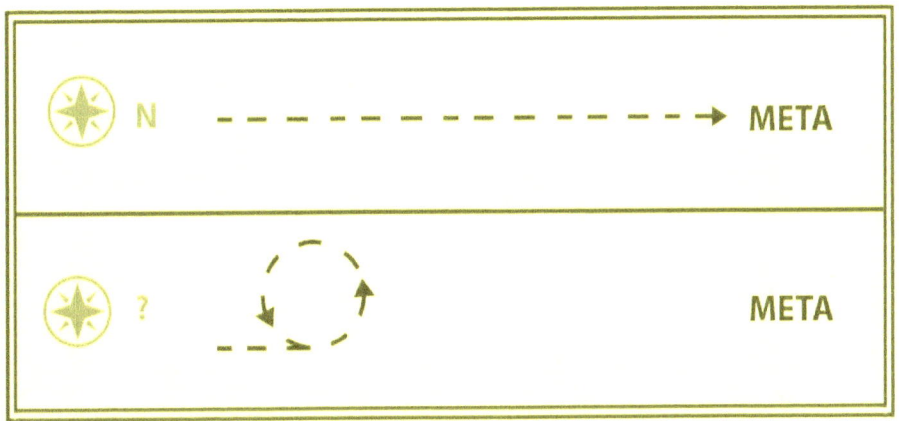

Notas

Desarrolla tu Mapa de Vida

DESTINO 5

La Estrategia Correcta

Avanzaron hasta llegar a una calle llena de vehículos y de tráfico.

-¿Por qué tanto congestionamiento vehicular? –

-Porque el camino está bloqueado, hay un obstáculo desde hace años provocado tras un derrumbe. –contestó el señor Ubico.

Ego escuchó algo afuera del vehículo, pero al instante se dio cuenta que eran porras de motivación:

"Vamos, vamos, a ganar. Avanzando sin cesar. ¡Nadie jamás nos detendrá, nuestro destino es triunfar!"

-¿Por qué hacen estas porras? – preguntó Ego.

-Ellos también quieren llegar a su destino.

-Pero todos conocen la porra y la cantan, ¿cómo la conocen?

-Todos los días vienen y toman la Estrategia 1, hasta que llegan al final de la avenida, y se topan con que está cerrado el paso. Y cada

Pedro Solís

día vuelven a intentar pasar. – contestó Ubico.

-¿Y dónde se hospedan en las noches? Digo, no creo que regresen cada día a la ciudad.

-Allí se hospedan – dijo Ubico y señaló un hostal que estaba en malas condiciones. La gente que salía de allí mostraba en su rostro el enojo acumulado por dentro, al no llegar a su destino. Ego observó el nombre en el rótulo del lugar que albergaba a las personas "Frustración".

¿Por qué no pueden superar el obstáculo, si tienen una actitud muy positiva? – preguntó Ego.

Porque pueden tener la mejor actitud del mundo, pero si no utilizan la Estrategia correcta jamás llegarán a su destino. Lo importante es llegar a su destino. Así que dígame usted cuando no logra resultados usando la Estrategia 1:

¿Tiene sentido utilizar la misma Estrategia aunque no avance?

¿Piense qué es lo que usted no puede hacer respecto a eso?

¿Habría algo que debería dejar de hacer?

¿Qué podría hacer que aún no esté haciendo?

¿Qué nuevas Estrategias le permitirían sobrepasar sus obstáculos?

El Taxi de la Vida

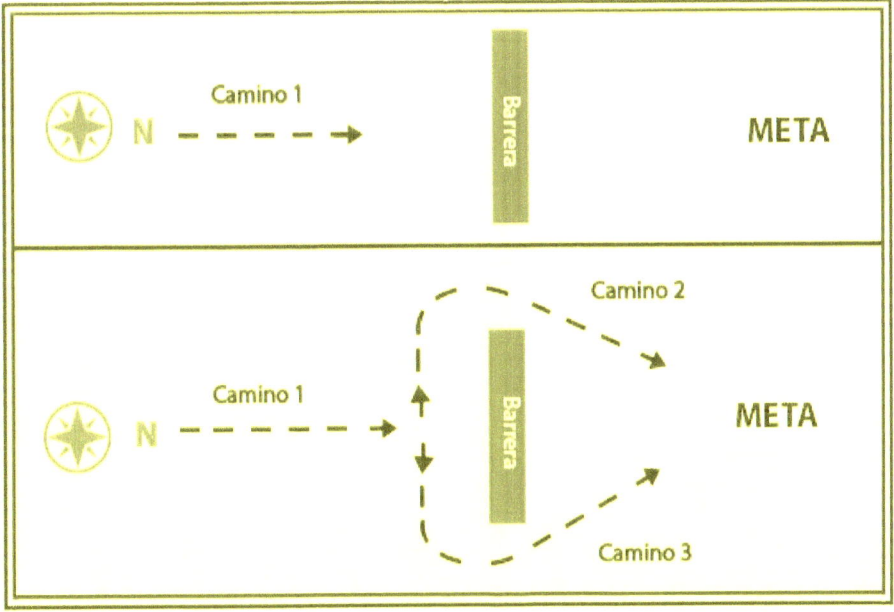

Notas

Desarrolla tu Mapa de Vida

DESTINO 6

¿Cuál es mi Mapa?

—Creo que podría seguir avanzando,- dijo Ego pensativo. -Podemos ir por la Estrategia 2 o tomar la Estrategia 3, ya que ambas nos llevarán al norte. Aunque aún tengo una inquietud, si la Estrategia 1 tiene un obstáculo, ¿por qué cree usted que no utilicen otras Estrategias para continuar avanzando?

-Porque las personas creen que el mapa es "La Realidad". Muchos mapas son un montón de M...

-¿De qué? - dijo Ego sorprendido.

Un montón de Mentiras. Algunos creen que solamente existe un camino, el de su mapa. Otros que nadie más puede tener la razón, se han acostumbrado a lo que conocen y les da miedo intentar algo distinto. Mientras crean esas mentiras seguirán usando el mismo mapa, tomarán la misma Estrategia y jamás llegarán a su destino.

-Me siento como una persona tonta. Tengo que confesarle que desde que llegué a la VIDA, he confiado en un mapa que me regalaron, y he confiado ciegamente en él. Ojalá pudiese cambiar el pasado, - dijo Ego.

Ubico solamente escuchaba con atención, hasta que preguntó -¿Y qué sitios tiene su mapa más adelante? Cuénteme.

-Mmm pues tiene algunos: Obstáculos, Problemas, y Complicaciones.

-¿Y usted quiere llegar allí en la VIDA?

-¡No! Bueno entiendo que pueden ser sitios de paso, pero no quisiera quedarme allí para siempre.

-¿Y en ese mapa que usted tiene puede llegar a su Destino en la VIDA?

Ego demoró un momento mientras buscaba en ese mapa si había un camino que llevará a la Destino, pero no lo encontró. -No, no existen mi Destino en este mapa.

-¿Tiene algún otro tipo de mapa?

-Sí, tengo otro mapa.

-¿Qué destinos tiene este otro mapa? - Ubico escuchaba atentamente.

-En este mapa sí encuentro mi Destino.

-Muy bien. Ahora busque si su mapa tiene algún camino que le conecte con su Destino desde donde estamos en este momento.

Ego buscó conexiones, caminos posibles -No encuentro un camino que me lleve allí. – dijo Ego decepcionado.

-Eso es porque los mapas no son la realidad, son únicamente una parte de ella. Escogiendo un mapa que sí tenga su Destino deseado y el camino para llegar a él, sería distinto. Tome este mapa que utilizo para guiarme, con él he llevado a cada persona hasta donde desee llegar. – Ubico extendió su mano con un mapa antiguo.

-¡Muchas gracias! –Exclamó Ego muy agradecido, -En este mapa sí encuentro mi Destino y las rutas que me llevan a él.

¿Utiliza los mapas correctos en la VIDA?

¿Conoce los caminos para sobrepasar los obstáculos y problemas?

¿Puede conectarse con su Destino a través de sus mapas actuales?

Notas

Desarrolla tu Mapa de Vida

DESTINO 7

Enfoque en Soluciones

Utilizando el mapa que le regaló Ubico, continuaron su trayecto. Pronto llegaron a un punto en el cual el camino se dividía en dos, y debían escoger uno de ellos.

-¿Qué camino desea tomar?- Preguntó Ubico.

-Hay dos caminos en el mapa que me llevan a mi Destino. Sin embargo, he tomado malas decisiones desde que vine a la VIDA. Tengo miedo de equivocarme nuevamente. –dijo Ego con voz de arrepentimiento.

-¿Qué sucedería si conduzco viendo hacia atrás? -preguntó Ubico.

-¿Si conduce utilizando el retrovisor?

-No, me refiero a si volteo mi cuerpo con vista hacia atrás, ¿cree que sería sencillo o complicado conducir este vehículo de esta manera? -Preguntó nuevamente Ubico, mientras volteaba su cuerpo hacia atrás y soltaba el volante.

Ego gritó -¡Deténgase! Eso sería fatal, y nos mataría en el intento. ¿Qué clase de conductor es usted?

Ubico tomó el volante y se volteó nuevamente al frente.-Si usted cree que es tan mala idea, explíqueme ¿por qué?

-Porque está enfocado en el camino que se queda atrás, no en lo que viene adelante. ¿Cómo puede estar preparado para lo que viene si sigue viendo atrás? -Contestó Ego.

-De la misma manera sucederá si usted pasa mucho tiempo enfocado en el camino recorrido, mientras se encuentre aquí en la VIDA. Podría perder su vida, no en el sentido literal. En otras palabras, invertiría su tiempo en lamentos, por lo que dejaría de vivir y disfrutar. Tampoco avanzaría correctamente.

Ego escuchó y se quedó pensativo. Después de un momento agregó -Pero uno puede aprender de los errores del pasado, ¿cierto?

-Correcto, y al hacerlo se le llama solución. Y esa misma solución no puede existir en el pasado. Piénselo, no existen soluciones que se puedan aplicar al pasado. Solamente se pueden aplicar en el presente de cara al futuro. Ahora bien, los lamentos no pueden suceder en el futuro, solamente en el pasado. Los lamentos no nos permiten avanzar eficazmente, las soluciones en cambio sí. Responda con honestidad:

¿Usted prefiere avanzar de manera simple o complicada?

Si no puede modificar el pasado, ¿Qué logra al pensar tantas veces en lo mismo?

¿Qué sí puede cambiar y merece su atención en este momento?

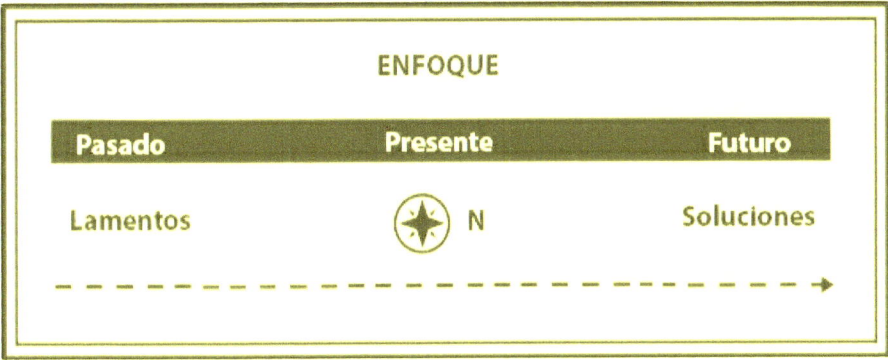

Ubico continuó -No existen errores en la VIDA. Solo caminos y sitios. Si no le gusta el sitio en donde se encuentra, tome otro camino, muévase y enfóquese en su nuevo Destino. Recuerde:

No importa el sitio en el que se encuentre en este momento en la Vida, usted siempre puede tomar otros caminos que le lleven finalmente a su Destino.

Y también agregó - Le acompañaré en la VIDA mientras sea necesario, no obstante, usted llegará a su Destino.

Notas

Desarrolla tu Mapa de Vida

DESTINO 8

Caminos Fáciles

Ego se decidió a enfrentar sus temores. -¿Qué hace distintas a ambas opciones?

-Un camino es más largo que el otro.

-Tomemos entonces el camino más corto- contestó Ego.

-Debo ampliarle más la información, para que esté consciente de su decisión. El camino más corto está descuidado y aunque la distancia prácticamente es menor, puede ser que el vehículo no logre cruzar el camino. En un inicio avanzará rápidamente, pero a la mitad encontrará estos obstáculos y puede que tengamos que regresar a este punto. - dijo el señor Ubico y agregó:

¡A veces el camino más largo resulta ser el más corto!

Pedro Solís

¿Alguna vez tomó un camino más fácil y el resultado no fue el esperado?

¿Cuál es el costo de escoger caminos fáciles?

¿Qué caminos rápidos debe evitar en la VIDA?

Ego escogió un camino y continuaron el viaje hacia su Destino, el Taxi comenzó a fallar y de pronto el motor se apagó por completo. Ego y el señor Ubico desconcertados empezaron a caminar en busca de un taller. Necesitaban encontrar la pieza que hiciera funcionar el motor.

Se encontraban en medio de una carretera donde solo había bosque alrededor y la ciudad más cercana quedaba a 25 kilómetros. Así que decidieron caminar al costado de la carretera y buscar algún pueblo.

Entraron a un bosque y Ego decidió utilizar nuevamente la brújula que le había regalado el señor Ubico. No se podía ver más allá de algunos cuantos pasos a causa de la neblina. Ego le dijo al señor Ubico que caminaran al Este y después de una hora de no encontrar ningún lugar, le pidió que fueran al Oeste. Llevaban dos horas caminando y no habían encontrado nada, aunque Ego estaba utilizando la brújula, siempre regresaba a los mismos lugares.

-El señor Ubico le preguntó: ¿cuál es la prisa por llegar a su Destino?

-No comprendo, -respondió Ego.

El señor Ubico tomó una respiración, y con mucha calma y paciencia nuevamente le explicó: vamos de un lado al otro sin enfocarnos. La única manera de encontrar un taller en algún pueblo o ciudad, es siendo constantes en nuestra búsqueda. Algunos clientes mientras los llevo a su destino, se impacientan y deciden cambiar de rumbo. Pero luego, se dan cuenta que hubieran llegado más rápido, si se hubieran comprometido a seguir en una sola dirección.

-¿Entonces debo escoger una sola dirección? -preguntó Ego.

-Creo que ya tiene la respuesta, -dijo el señor Ubico.

Ego se comprometió a viajar en una misma dirección y después de largas horas de camino, encontraron un pueblo pequeño. Se dio cuenta de que lo pudo haber encontrado antes y pensó: La prisa me hace ir tan rápido, que tomo decisiones equivocadas.

*Moverse rápido no necesariamente
significa avanzar en la VIDA*

Notas

Desarrolla tu Mapa de Vida

DESTINO 9

El Motor de mi Vida

En el pueblo encontraron un taller y preguntaron por la pieza que necesitaba el Taxi. El señor Ubico vio la pieza detenidamente, pero dijo que no era la adecuada para su motor. El vendedor del taller insistió en que la diferencia con la pieza que buscaban era mínima, pero el señor Ubico sabía que necesitaba colocarle la pieza adecuada.

Al salir del taller, Ego preguntó -¿Por qué no aceptó la pieza que nos ofrecían?

-El señor Ubico se quedó callado por un momento, luego dijo: -¿ve la motocicleta que está allá?

-Sí, la veo, -respondió Ego.

-¿Qué sucedería si usáramos el motor de esa moto y lo colocáramos en una avioneta?, ¿cree usted, que se elevaría? -le preguntó el señor Ubico.

-¡No, obviamente sería imposible! - exclamó Ego.

-Y si le pusiéramos el motor de una avioneta a un barco, ¿cree que lo movería? -volvió a preguntar el señor Ubico.

-Un barco es muy grande para que lo mueva el motor de una avioneta, -respondió Ego.

-No es una cuestión de tamaño únicamente, sino de precisión. Ya que el motor de un barco es más grande y si se lo coloca a la motocicleta o a la avioneta ninguno se moverá. Cada motor debe ser acorde a su objetivo a su Destino a alcanzar. Su motor debe:

1. Ser capaz de mover el vehículo.
2. Contar con medición del trayecto avanzado.
3. Contar con un combustible suficiente para llegar a su Destino.

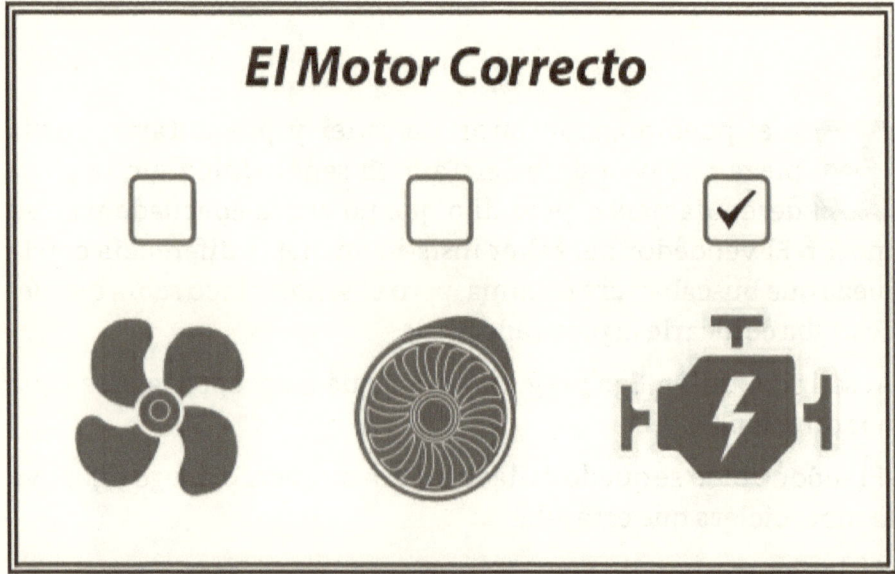

¿Su meta lo mueve de manera natural?

¿Cómo mide usted el avance de sus objetivos?

¿Qué recursos necesita para alcanzar ese objetivo?

Ego pensaba en cómo es que cada motor está diseñado para un tipo de vehículo en especial.

-¿Por qué razón está haciendo usted este viaje? -preguntó el señor Ubico.

-Porque quiero llegar a mi Destino.

-Y qué tal si fuese al Destino de otras personas, ¿se esforzaría de la misma manera?, ¿le movería? -preguntó el señor Ubico.

-Probablemente no, -contestó Ego.

-¿A qué se debería eso? -preguntó el señor Ubico.

-A que ellos los puede mover, pero a mí no necesariamente o no lo suficiente, ellos tendrán sus motivos-dijo Ego.

-La pieza que buscamos debe ser la adecuada para el motor, de lo contrario tampoco lo moverá correctamente y se arruinará el motor antes de que lleguemos al Destino.

¡Lo que mueve a los demás no necesariamente me mueve a mí!

Notas

Desarrolla tu Mapa de Vida

DESTINO 10

Avanzando con Equilibrio

-¡Hey!, creo que ya encontramos otro taller, dice *"Taller La Promesa"*. Y abajo dice que se hacen reparaciones eléctricas, mecánicas, balanceo y alineación, -exclamó con voz agitada Ego.

El señor Ubico y Ego entraron al taller, encontraron la pieza correcta para el Taxi y la compraron. Regresaron de nuevo por el Oeste y al llegar al Taxi, el señor Ubico sustituyó la pieza que estaba dañada. Ego simplemente observaba cómo lo hacía.

-Muy bien, hemos terminado. Podemos continuar nuestro camino, -dijo el señor Ubico.

Llegaron a un pueblo aledaño, llamado Simetría y lo primero con lo que se toparon, fue con un enorme rótulo que decía "Museo de Arte Tridimensional", siga a cien metros. Entonces Ego pidió al señor Ubico:

-¡Deténgase, deténgase!, ¡quiero bajarme aquí!, tengo que saber que obras han expuesto en ese Museo.

Cuando Ego se bajó del Taxi, colocó su pie justo al lado de un charco y agradeció la suerte de no haber metido allí su zapato. Luego se preguntó: ¿cuántas veces he olvidado dar las gracias desde que llegué a la VIDA?

Continuó caminando y se paró frente a la majestuosa entrada del museo. Entró a la sala principal, en donde se exhibía una gigantesca figura en forma de triángulo inverso que se encontraba haciendo equilibrio sobre la punta. La figura tenía 6 metros de longitud y se encontraba en perfecto equilibrio. Abajo tenía escrito el nombre de la obra "STATERA." La escultura estaba tallada en un cristal fino color rosa y en cada una de las puntas resaltaban una letra: la "F" de física, la "I" de intelectual y la "E" de espiritual.

Al centro de la figura se abatía una vara de esculapio de oro macizo. Ego preguntó a un empleado del museo acerca de la figura de oro:

- ¿Es acaso esa figura la que usan los médicos? -preguntó Ego.

-Sí señor, - contestó el empleado del museo.

-Pero, ¿por qué colocaría el artista ese símbolo en medio de la escultura? –preguntó Ego.

El empleado contestó -Porque se inspiró en su propia vida. Tuvo fama, reconocimiento internacional, buena reputación, dinero suficiente para muchas vidas, pero nunca cuido su salud y no pudo disfrutar todo lo que tuvo en sus últimos años de vida. Esta obra representa lo que buscó hasta el fin de sus días: el equilibrio. Y debido a su historia, miles de personas visitan este museo cada día.

Ego se quedó perplejo y con lágrimas en sus ojos, comprendió que había tardado mucho tiempo en aceptar que siempre se mantenía en los extremos de la vida. Había dejado pasar por alto la belleza de encontrarse en armonía y equilibrio. Mientras caminaba por los pasillos del museo iba admirando a cada una de las personas que caminaban a su alrededor. Pensaba en cómo esa escultura se encontraba en equilibrio sostenida por cables en cada esquina del triángulo y al igual que su vida, no deseaba descuidar ninguna de las áreas: la física, la intelectual y la espiritual.

Después de dos horas, vio su reloj y pensó: el señor Ubico me está esperando afuera.

- ¿A qué hora pasó el tiempo?- se preguntó Ego. Salió corriendo hasta la entrada del museo y visualizó al señor Ubico quitándole la llanta trasera al Taxi.

-Señor Ubico, ¿qué pasó, lo puedo ayudar? –dijo Ego. –Disculpe la tardanza, pero sentí una conexión con aspectos que he descuidado de mí mismo -recalcó Ego.

El señor Ubico le contestó -Mientras lo esperaba, noté que la llanta se estaba desinflando. La intenté cambiar con la de repuesto, pero no la he usado en años, está también estaba dañada.

- ¿Y eso por qué sucedería? –preguntó Ego.

- A veces cuando no usamos las cosas, dejan de servir también. Todo debe tener un equilibrio en la VIDA.

-Precisamente en el Museo vi una obra de arte acerca del equilibrio personal –comentó Ego.

- STATERA - aseguró el señor Ubico.

-Sí, esa misma. Lo que no comprendo aún es cómo tener todo en equilibrio. ¿Hay que equilibrar las áreas de la vida y al mismo tiempo darles uso a las cosas? Se cuestiona Ego.

-El secreto es nunca caer en los extremos, dijo el señor Ubico, especialmente en el tiempo. Los excesos son malos. Por cierto, preguntemos si se puede parquear el Taxi aquí frente al museo mientras encontramos una solución.

Ego no podía pensar en ser indiferente ante la situación, así que se dirigió hacia el guardia de la entrada del museo -Disculpe señor, tuvimos un inconveniente, se averió la llanta del Taxi, ¿cree usted que podemos dejarlo acá mientras conseguimos una nueva?

-El guardia, con una actitud de prepotencia le respondió -es su problema, yo no debo meterme en asuntos que no son míos.

-Ego se molestó y le dijo -¿señor guardia, alguna vez ha pensado si usted es un Poste o un Puente?

Sorprendido el guardia, le contesta -¿cómo así, que Poste o Puente?, ¿a qué se está refiriendo?

-Bueno, - contestó Ego, -lo que quiero decir: ¿es si usted se siente cómodo bloqueando o impidiendo lograr objetivos? En cambio ¿No le gustaría más bien llegar a ser alguien que conecta soluciones y estar en función de servir?

El guardia agachó su cabeza y unos segundos la levantó y dio un respiro:

–Sabe, nunca había pensado eso. Pero ahora que me lo menciona, tiene razón, tengo una cinta verde para colocar alrededor del Taxi, que dice "zona fuera de control", yo me haré cargo de cuidarlo mientras ustedes hacen la diligencia.

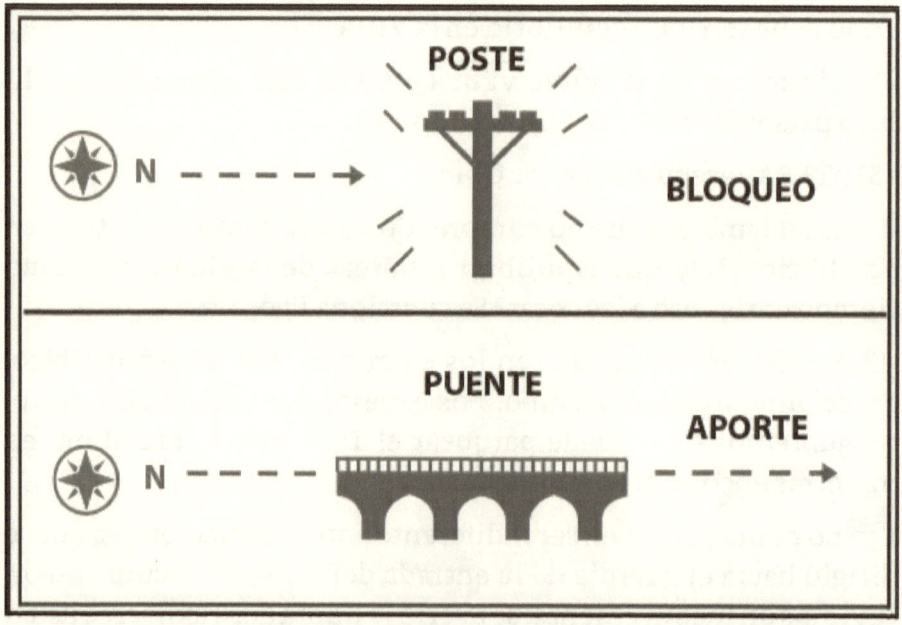

¿Cómo agrega valor a los demás?

¿Qué talentos suyos aprovecha para colaborar con otros?

¿Cuáles son los beneficios de asumir los retos?

-¡Muchas gracias! – agradeció Ego.

Entonces Ego y el señor Ubico caminaron y observaron un rótulo que con el título: "Venta de llantas". Compran la llanta de la medida que necesitaban y el señor Ubico pide que se la balanceen.

¿Cómo la balancean? – preguntó Ego. Mientras observaba el proceso que realizaban en la venta de llantas.

-Agregan metal al aro mientras lo giran, para que el peso de la llanta esté bien distribuido. Si hace falta agregar más del lado que necesite. El secreto del equilibrio en la VIDA es igual: agregar en un lado o quitar del otro lado, simple.

- ¿A qué área debe prestarle más atención en este momento?

- ¿Qué pensamientos y acciones le dan equilibrio?

-¿Reduciendo qué hábitos tendría más equilibrio?

Notas

Desarrolla tu Mapa de Vida

DESTINO 11

Prioridades

Después de su conversación ambos regresan a colocar la llanta al Taxi.

Al día siguiente, Ego se levantó más temprano y le propuso al señor Ubico ir a desayunar a una plaza. Después de caminar por los alrededores entraron a todas las tiendas. Fue la primera vez que Ego vio tantas cosas nuevas en la VIDA.

Entonces realizó dos listas: una con todas las cosas que quería hacer antes de continuar el viaje y otra de todas aquellas cosas que creía que debía de comprar. Luego le mostró ambas listas al señor Ubico, que juntas sumaban más de 100 cosas por hacer y 200 por comprar.

-¿Qué cree acerca de lo que debo comprar y hacer? -pregunta Ego.

-¿Debe? -pregunta el señor Ubico.

-Lo que piensa hacer y llevar, ¿le suma o le resta? –dice el señor Ubico.

-¿A qué se refiere? - preguntó Ego.

-Es como el Taxi, -dijo el señor Ubico, -Puede presionar el acelerador y consumir la gasolina, o avanzar utilizando estratégicamente sus recursos. Su meta es llegar a su Destino. ¿Cómo cumplirá sus objetivos si utiliza todos sus recursos antes de llegar? Estas cosas que quiere hacer y comprar ¿le suman o le restan a su sueño? –insistió el señor Ubico.

-¿Cómo puedo diferenciar si me suman o me restan? -preguntó Ego.

El señor Ubico le sugiere que hagan 3 listas.

-En la primera: coloque todo aquello que es vital.

- ¿A qué se refiere con eso? -preguntó Ego.

-A lo que es indispensable y que definitivamente lo necesita. Vital es aquello que si no lo tiene hay una consecuencia negativa. –dijo el señor Ubico.

-En la segunda lista: enumere todo lo que es opcional. Es decir, aquello que si hace o deja de hacer, no hay ninguna consecuencia negativa. -Le explicó el señor Ubico.

-¡Me parece muy bien! -respondió Ego.

-En la tercera lista: coloque todo aquello que es dañino, que si usted lo hace, le perjudica directamente.

-Muy bien, quizás lo haga luego,- contestó Ego.

-Lo que se deja para después ya no se hace, y usted lo necesita en este momento en la VIDA. Este es el momento para actuar. –

-Está bien, empezaré mis listas:

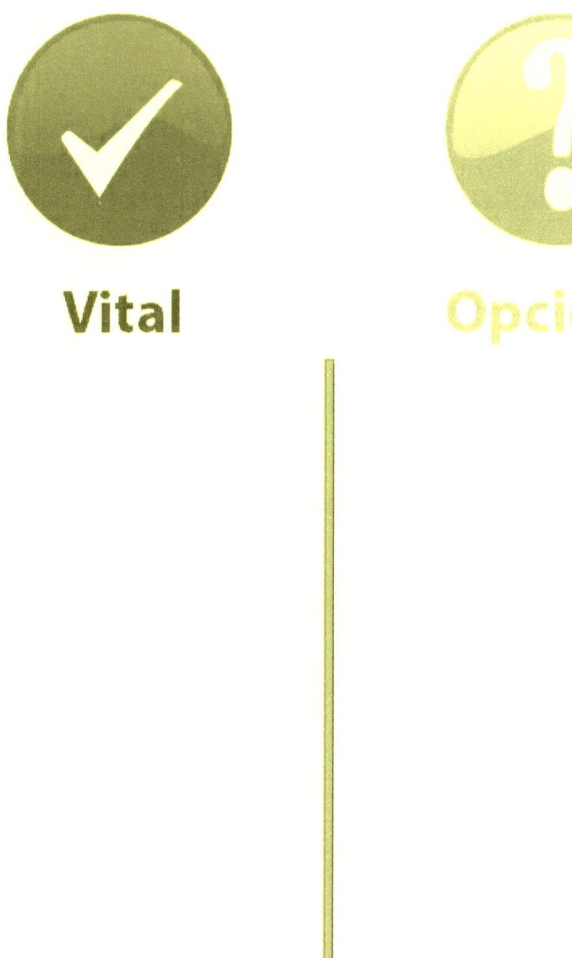

-Ahora que ha terminado su lista, ¿qué nota usted?- Preguntó Ubico.

-Creo que tengo muchas cosas opcionales en mi lista, -respondió Ego.

-Generalmente, a las personas se les fuga su tiempo y sus recursos personales, en todo aquello que es opcional. Casi nadie llena la lista de cosas dañinas, y entonces creen que "si no es malo" no habrá consecuencia negativa.

Continuó el señor Ubico - a primera vista no son dañinas, sin embargo, al llenarnos de ellas no queda espacio para aquellas vitales. Si su vida se llena de cosas opcionales, no habrá espacio para las vitales y al no tenerlas si existirá una consecuencia negativa.

¿Utiliza sus recursos en gastos opcionales o inversiones vitales?

¿En qué podría utilizar el tiempo que le dedica a lo opcional?

¿Qué sueño le está costando el enfocarse en lo opcional?

¿Cuántas cosas vitales está perdiendo por enfocarse en las opcionales?

Notas

Desarrolla tu Mapa de Vida

DESTINO 12

Rotonda Emocional

Mientras avanzaban hacia su Destino, se incorporaron a una rotonda. El paso se hacía más angosto nuevamente al retomar el camino, al punto de que solamente un vehículo podía avanzar. Ego reconoció que otro vehículo venía detrás de ellos.

-Detenga el vehículo, - dijo Ego. – Apague el vehículo.-

¿Por qué motivo nos detenemos?, - preguntó Ubico.

-Quiero impedir el paso a ese vehículo, para que esa persona no llegue a su destino, -contestó su cliente.

-¿Quién es esta persona? ¿Y qué le ha hecho?- preguntó Ubico

-La conocí en la Vida y prefiero no hablar de lo que me hizo. La reconocí por el número de placa: IE 999. Ahora que tengo la oportunidad no dejaré que llegué a su destino.- contestó Ego.

-Hay personas que se estancan en sus emociones. Eso sería como dar vueltas en la rotonda sin avanzar a su Destino. Una persona puede enfocarse en lo que quiere y no en lo que necesita para cumplir sus objetivos. He visto muchas personas en la VIDA detenerse aquí en la rotonda, para impedir el paso a alguien más. Ya que su visión es a corto plazo, no a largo plazo. Logran gratificación inmediata, pero no logran recompensas ni satisfacción duradera a largo plazo. Y mientras más tiempo transcurre más se arrepienten.

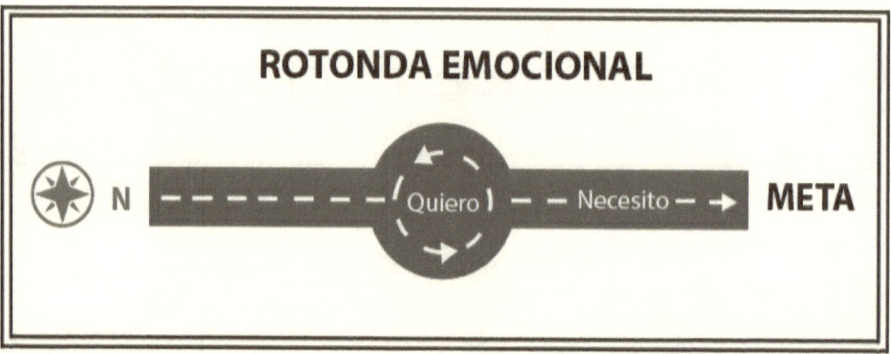

-Yo entiendo, pero no sé cómo evitarlo. Siento que me desahogo al hacerlo. Sé lo que debo hacer, pero no sé cómo cambiar mis acciones – Dijo Ego.

Ubico continuó -Piense lo siguiente:

¿Qué beneficios tiene el manejar sus emociones?

¿Ha perdido por no controlar sus emociones?

¿Cuánto puede dejar de ganar por dejar que las emociones lo gobiernen?

Notas

Desarrolla tu Mapa de Vida

DESTINO 13

Adaptándose al Camino

Ego concluyó lo evidente, prefería retomar el camino a su destino y dejar ir las emociones que le impedían continuar avanzando. Evitar que esa persona avanzara no lo realizaría tanto como llegar finalmente a su Destino.

Corrió el tiempo yendo en el Taxi, hasta que llegaron a "LA VILLA", un pueblo casi vacío, en el que solamente habitaban ermitaños.

Por fin se estaban acercando al destino de Ego. El señor Ubico se detuvo cerca de un río y le preguntó: ¿ve usted lo que se encuentra del otro lado?

-Sí, sí, es a donde tengo que ir, ¡ya llegamos! -exclamó a gritos Ego, quien observó un momento y le preguntó al señor Ubico - pero, ¿cómo llego al otro lado?

De repente, justo arriba de ellos, se escuchó el sonido de un avión que estaba descendiendo. Mientras veían aterrizar el avión del otro lado del río, Ego se quedó en silencio.

El señor Ubico, le explicó a Ego que existen dos momentos en los cuales un piloto de avión debe prestar atención: cuando despega su avión y cuando lo aterriza.

Ego se quedó observando a un avión que estaba volando en el horizonte.

Y el señor Ubico continuó con la explicación -para una persona también existen dos momentos, cuando define su sueño y cuando lo aterriza. El problema, es que muchos no logran definir lo que quieren. Cuando ya tienen la capacidad de verlo, deben de saber aterrizarlo, como el piloto al avión. Porque si la estrategia que utilizan no es buena, su proyecto se caerá.

-¿Perdería mi tiempo y recursos? -dijo Ego.

-Usted se contestó, -afirmó el señor Ubico.

- ¿Cómo hago para aterrizar mi proyecto de vida de manera segura y satisfactoria? -preguntó Ego.

-Bueno, deben considerarse algunos factores claves, por ejemplo: tiempos adecuados, que no sea ni antes ni después, visión clara y posibles obstáculos.

-¿A qué se refiere con tiempos adecuados? -preguntó Ego.

-¿Qué sucede si un avión aterriza 200 metros antes o después de la pista?

Ego sonrió y contestó – ¡ya entendí!

El señor Ubico continuó:

-Para aterrizar en el momento justo, el piloto debe iniciar su descenso anticipadamente. No podría bajar 30 segundos antes del aterrizaje, si se encuentra a una altura de 10 mil pies. Tampoco podría intentar aterrizar antes de que inicie la pista, ya que esta decisión lo podría llevar a colisionar con algún edificio. De la misma manera, una persona debe ser paciente y saber esperar el momento preciso para tomar una decisión, pues muchas personas no están preparadas y aterrizan sus proyectos antes de tiempo.

"Eso me pone a pensar", se dijo Ego a sí mismo. Después se pregunta en voz alta: ¿qué estaría ganando al ser pionero?

El señor Ubico agregó - Recuerde los tiempos correctos nos acercan a las personas correctas. ¿Hay algún producto o servicio que haya dejado de usar porque inventaron algo mejor?

-Sí, varias veces, -contestó Ego, yo busco "lo mejor".

El señor Ubico le explicó -Hasta antes de que inventaran ese "algo mejor", el tiempo del producto era el correcto. Pero hay personas que teniendo la oportunidad de tener algo mejor, deciden aferrarse a lo viejo, quedándose estancados.

-Ese es el valor de la adaptación -continuó el señor Ubico. - El piloto, al momento de dirigir la nave, debe de estar muy atento a ciertos factores, como: la altura, la velocidad y el tiempo. También debe adaptarse a las circunstancias, como: la lluvia, el viento, la visibilidad entre las nubes o cualquier falla imprevista en los instrumentos.

El señor Ubico, decide hacerle una serie de preguntas a Ego:

- ¿Tiene la capacidad de adaptarse y de actuar con rapidez?

- ¿Qué le facilita adaptarse al cambio?

- ¿Cuáles de sus habilidades le permiten adaptarse a cualquier reto?

Luego fue Ego quien decidió empezar a hacer preguntas. - ¿Y la dirección para qué sirve?

-Pon atención al próximo avión que veas y notarás que mientras está frenando y tocando tierra, no girará bruscamente en ninguna dirección, -dice el señor Ubico.

Ambos se quedaron observando como aterrizaba el avión que habían visto volar en el horizonte. -El enfoque es vital para que tus sueños se hagan realidad, -comenta el señor Ubico. Las personas en la VIDA, generalmente, son más exitosas si logran mantener el mismo enfoque en sus proyectos por un período no menor a 15 años. -continuó el señor Ubico.

Notas

Desarrolla tu Mapa de Vida

DESTINO 14

Necesidades Auténticas

Ego se quedó analizando lo que había escuchado y después de pensar un largo rato, trazó un mapa con sus ideas. De esa manera, pudo concluir que su Destino se encontraba justo del otro lado del puente, un lugar llamado "Convicción". Allí no había nada y nadie tenía iniciativa. Después, se quedó observando la playa que tenía cerca y la comparó con su mapa.

-Mi proyecto debo hacerlo en ese sitio. Ese es mi Destino, -dijo Ego.

-¿En el otro lado del puente? -preguntó el señor Ubico.

-Sí, ¡ese es el lugar! –aseguró Ego.

-Antes, estaban conectados ambos extremos, pero algo ocurrió y ahora no se puede atravesar el puente, -dijo el señor Ubico.

Observaron a un aldeano que estaba trabajando una pieza de carpintería, Ego le preguntó.- ¿Qué sucedió allí?

-Hubo una tormenta hace unos días y derrumbó una parte del

puente, -respondió el aldeano.

-Pero podemos rodear la isla nuevamente, -sugirió el señor Ubico.

-Nos tomaría demasiado tiempo, -respondió Ego.

-Cuando me habló acerca del tiempo correcto, hice cálculos de que si rodeamos la isla, llegaríamos demasiado tarde para que pueda funcionar mi proyecto. ¡Debemos de encontrar la forma de cruzar ese puente! -dijo Ego.

-Al puente, le faltan 6 metros en la parte central, que se destruyeron, así que solo necesito reparar esa parte, para que quede completo y podamos pasar, -dijo Ego.

-¿Y cómo lo reparará? -preguntó el señor Ubico.

-Necesito recursos para conectarme con mi Destino -respondió Ego.

-¿Qué recursos necesita? -preguntó el señor Ubico.

Ego averiguó que había 6 carpinteros en "LA VILLA", pero no se llevaban bien desde hace años y de hecho ya ni se hablaban. O al menos, eso le mencionó el primer carpintero. -Necesito conseguir la ayuda de todos, pensó. Ya que fueron ellos quienes construyeron ese puente hace 15 años. Si ya funcionó una vez podría funcionar ahora -pensó.

Así que Ego decidió ir de casa en casa, recorriendo todo el pueblo y logró encontrar a los 6 carpinteros. Les pidió ayuda para poder reconstruir el puente y unir ambos extremos. Pero a los carpinteros, lo único que les interesaba, era saber qué ganarían. Ego no sabía qué darles, así que les prometió darles una respuesta al día siguiente.

Esa noche, Ego y el señor Ubico se hospedaron en un hostal a 10 km de "LA VILLA". Mientras dormían, Ego tuvo un sueño, se veía armando un rompecabezas. La imagen que veía, era la de él mismo realizando su sueño. Sentía como si realmente estuviese sucediendo. En esa imagen también observaba a las personas con las que estaba involucrado en su proyecto.

¿Qué sería lo primero que haría al cumplir su sueño?

¿Cómo sabrá cuando haya alcanzado su objetivo?

¿Quién sería un apoyo para alcanzar sus metas?

La imagen era muy real y en su sueño tenía grandes ansias por completar su rompecabezas. Era el camino que llevaba a Ego a su destino, pero hacían falta esas 6 piezas, para completarlo.

Al día siguiente, mientras desayunaban le contó su sueño al señor Ubico.

-¿Qué cree que signifique? -preguntó Ego.

-Es probable, que su sueño le esté diciendo algo que usted ya sabe, -respondió el señor Ubico sonriendo mientras bebía su café.

-¿Y qué puede significar? -volvió a preguntar Ego.

El señor Ubico le contestó -Yo no lo sé. Pero me recuerda algo que podría servirle. Cada persona tiene una necesidad distinta.

-¿Pero cómo puedo llenar las necesidades de las 6 personas, si cada uno piensa tan distinto? -preguntó Ego, quien se frustró.

Después de desayunar se fue a meditar sentado al lado del camino. Junto unas piedras que representaban los bloques necesarios para completar el puente. ¿Cómo poner de acuerdo a 6 personas?

Ego comprendió que debía adaptarse como el avión cuando aterriza. A cada carpintero podía ofrecerle únicamente dinero, pero solo era algo material y él les quería vender emociones para llegar a cada uno de ellos.

Recordó que uno de los carpinteros tenía en su sala diplomas y trofeos que había ganado a lo largo de su vida. Así que al visitarlo nuevamente, le habló de la importancia que este puente tendría en la VIDA. Lo convenció de que los medios de comunicación querrían publicar la noticia de quienes repararon puente antiguo. Ego sabía que para él era muy importante el reconocimiento de sus acciones.

El segundo carpintero, tenía en su carpintería extinguidores y contaba con todo el equipo de protección necesario para la seguridad industrial. Ego comprendió que la seguridad era vital para esta persona. Así que le ofreció pagarle un seguro médico mientras repararan el puente, además de un equipo de seguridad con cables para no correr ningún riesgo. De esa manera, este carpintero se sintió cómodo.

Usó una estrategia diferente con el tercer carpintero, al cual le ofreció ser el vocero de la noticia, una vez los medios de comunicación cubrieran la hazaña. Él notó que a este carpintero le movía expresar sus ideas y comunicarse con las personas. Al plantearle la propuesta también aceptó.

El cuarto era una persona solitaria. Cuando Ego llegó por primera vez a su carpintería, se emocionó mucho de tener alguien con quien platicar. Conversaron durante varios minutos de su vida personal. En sus paredes había fotos de su promoción de colegio y de un equipo de futbol en el que había jugado ya hace algunas décadas. Por esa razón, le propuso a ésta persona ir a celebrar después de terminar la reparación y darle una camiseta que identificaría a todos los carpinteros de LA VILLA, como los mejores en toda la isla. Esto le daría un sentido de pertenencia a un grupo. Este cuarto carpintero, accedió emocionado de formar parte de la élite de carpinteros de la VIDA.

El quinto carpintero fue distinto para Ego, ya que no veía en su carpintería algo que lo moviera o que le sirviera para identificar cuál era el motor de esta persona, ni qué buscaba en la VIDA. No sabía qué decirle, pero notó que hablaba por teléfono constantemente con su familia. Entonces pensó: "quizá lo mueve estar conectado con el mundo".

Ego decidió preguntarle -¿en qué parte de la VIDA se encuentra su familia?- y él le contestó que al norte de la Zona de Confort. Eso se encontraba mucho más cerca de donde estaban, que del otro extremo de la isla. Así que Ego le planteó el puente como un beneficio para conectarse con su familia en la VIDA. Después de escuchar la propuesta de Ego, recapacitó y decidió participar.

El sexto carpintero fue su reto mayor, puesto que era él quien menos se relacionaba con los demás. Era técnicamente un ermitaño. Cuando Ego le propuso la idea de reparar el puente junto a los demás carpinteros, él le contestó: yo trabajo solo.

En su carpintería no había nadie más. El tiempo corría y Ego debía encontrar una solución a este reto. Pensó "a él lo mueve trabajar con autonomía" quizás deba echarle más gasolina a ese motor.

Así que se enfocó en su deseo de trabajar de manera independiente. Le garantizó que el área de la cual él se encargaría, sería exclusiva y que ningún carpintero podría interferir en su trabajo. El poder trabajar con libertad y su propio espacio facilitaron que finalmente accediera.

Al acceder todos a la propuesta de Ego, coordinaron una hora de actuar. Los carpinteros y Ego se dirigieron al puente. Cada uno contribuyó con recursos para conectar esa parte de la VIDA con ellos. Amarraron una soga a una roca y la lanzaron al otro extremo del puente. La cuerda que serviría para la reparación, por error cayó al agua. Alguien debía ir a traer la cuerda al agua, pero ninguno de los carpinteros quiso acceder a la petición.

-Es una corriente fuerte y nosotros ya hemos ayudado bastante, -dijeron molestos los carpinteros.

Ego se tiró al agua y nadó hasta donde se encontraba la soga, luego se la amarró a la cintura. Ya que larga y estaba mojada pesaba mucho más. Intentó nadar, pero la corriente no le permitía avanzar hasta la orilla. Después de unos minutos, Ego desistió y regresó a la orilla.

-No puedo conseguirlo, -le dijo al señor Ubico.

–Es muy difícil. Creo que nunca debí de haber intentado llegar a mi Destino, -dijo Ego decepcionado.

-¿Usted sabe patalear? -preguntó el señor Ubico.

-Sí, -contestó Ego.

-¿Cuál es la diferencia entre salpicar el agua y avanzar? –preguntó el señor Ubico.

-No lo sé, -dijo Ego aun mojado y temblando de frío.

-Cuando se salpica, solamente hacemos ruido y nos cansamos demasiado, porque estamos desperdiciando nuestra energía. Pero cuando se avanza, sus piernas se mueven, muchas veces en silencio pero empujando más agua. Si usted se esfuerza y no ve resultados equivalentes a sus acciones, quizás existen fugas de energía. La dirección de su energía puede cambiar los resultados.

¿Qué hábitos maximizan su energía?

¿Sus esfuerzos son proporcionales a sus resultados?

¿Cómo hábitos le roban su energía?

Ego entró en el agua nuevamente y enfocó sus acciones en un solo punto para avanzar y no desperdiciar sus fuerzas. Notó que funcionó enfocar sus energías y logró llevar la cuerda a la orilla.

Los aldeanos aplaudieron cuando completó su trayecto. Llevaron la soga hacia arriba del puente nuevamente y a través de ella alinearon los materiales para colocar las tablas. Cuando ya tenían las tablas colocadas en su lugar, un carpintero cruzó al otro extremo del puente e iniciaron el trabajo de clavar y asegurar cada tabla, hasta que finalmente, concretaron el trabajo.

Una vez armado el fragmento que faltaba del puente, el señor Ubico y Ego les agradeció a todos y se dirigieron en el Taxi al Destino. Cuando llegaron al otro extremo de la isla, Ego se dio cuenta de que habían regresado al mismo punto en donde inició su viaje.

-¿Regresamos al mismo punto de partida? El aeropuerto que veíamos era el mismo del cual salimos hacia esta travesía. Mi destino siempre estuvo frente a mí y no supe que éste era el lugar para realizar mi proyecto, -dijo Ego.

- ¿Cuánto tiempo desperdicié en la Zona de Confort? –pensó Ego.

Notas

Pedro Solís

Desarrolla tu Mapa de Vida

DESTINO 15

Dejando Huella en el Camino

¿El porqué de mi huella? Construir con trascendencia

Ego llegó finalmente a su destino. Luego se paró en el sitio en el cual empezó y observó el proyecto que diseñó en la arena al inicio.

-Por fin estamos en tu Destino. – dijo el señor Ubico.
-¡Está bien! – respondió Ego.
- ¿Es este el lugar que viniste a buscar? – preguntó el señor Ubico con duda.

Ego permaneció callado, observando los restos del diseño de su sueño. Le contó al señor Ubico, que en la arena había escrito sus sueños al llegar.

El señor Ubico le dijo -probablemente sea mil veces más rápido construir un castillo de arena, pero si quieres que te dure, debes de hacerlo de concreto, aunque te tardes más tiempo en conseguirlo.

*A veces avanzando más lento en
realidad se llega más rápido*

-¿Cómo se han creado otros proyectos que trascienden en el tiempo?

- ¿Qué tengo que dejar de hacer para ser?

- ¿De qué me tengo que llenar para lograr mis metas?

- ¿Cuáles son las cinco cosas que me permitirán mantenerme en la búsqueda continua?

-Bueno, es hora de tomar acción - dijo el señor Ubico.

-¡Yo sé! -respondió Ego, -pero necesito que me lleve a traer algunas herramientas que utilizaré en este lugar.

-Muy bien, vamos a traerlas, mientras antes mejor. – agregó el señor Ubico.

-No, aún no. Quizá aún no sea el momento de actuar. – contestó Ego.

- Recuerde lo que le pregunté cuando iniciamos el camino:

*¿Alguna vez llegaría el momento
en el que todos los semáforos estén
en verde para salir de casa?*

- Es cierto, empecemos a actuar entonces. Solamente quisiera preguntarle, ¿Usted cree que cuando termine mi proyecto seré "exitoso"?- consultó Ego.

-El señor Ubico observó fijamente a Ego y le respondió con otra pregunta: - cuando termine el proyecto, ¿terminará su vida?

-Yo espero que no.- dijo Ego.

Entonces el señor Ubico aprovechó para darle unos consejos:

Si crees que ya has alcanzado lo más alto de este mundo, ya no seguirás creciendo.

Si crees que ya lo sabes todo, ya no seguirás aprendiendo.

Si crees que has hecho todo lo realizable, ya no te seguirás moviendo.

- ¿Sabes por qué en una pecera pequeña un tiburón crece poco?

-Ego contestó: porque ya no tiene para donde crecer.

¿Qué ganarías y qué perderías si crees que ya tienes éxito?

Ego pensó en su respuesta.

El señor Ubico continuó: Observa esa palmera en la playa. - Ego la miró detenidamente.

- ¿Por qué crees que no hay pinos cerca de esta costa?, le preguntó el señor Ubico.

-No lo sé - contestó Ego.

-En esta costa hay huracanes y las palmeras deben ser capaces de mantenerse firmes en su posición, flexibles con el viento y las tormentas para poder crecer y no ser arrancadas. Son tolerantes y no arrogantes con el viento y el agua para fortalecerse. Una palmera debe ser tan grande como pequeña. Un tronco muy rígido se rompería, pero al ser humilde, la palmera cede hacia un lado y hacia el otro, manteniendo firme sus raíces para seguir creciendo. -

Ubico hizo una pausa, observó las olas del mar. Después y continuó: - El secreto de trascender es crecer con humildad, compartiendo con las demás personas. Cediendo en ocasiones, pero manteniéndose firme en los objetivos.-

Comprendo, – respondió Ego. – No deseo detenerme, este viaje apenas está iniciando.

-Lo sé, pero ya cumplí mi parte con llevarlo a su Destino, ahora le toca a usted ¡Ha sido un gusto haberlo conocido!

-El gusto fue mío. – Dijo Ego quien se enfocó en los siguientes meses en concretar su proyecto satisfactoriamente.

El señor Ubico encendió la luz del Taxi para indicar que estaba disponible nuevamente. Miró a su alrededor y observó a una persona que estaba terminado de leer un libro.

Entonces le preguntó - ¿A dónde quiere ir?

Notas

Desarrolla tu Mapa de Vida

www.ingramcontent.com/pod-product-compliance
Lightning Source LLC
Chambersburg PA
CBHW022101170526
45157CB00004B/1424